Contraste insuffisant
NF Z 43 130-14

Illisibilité partielle

Valable pour tout ou partie
du document reproduit

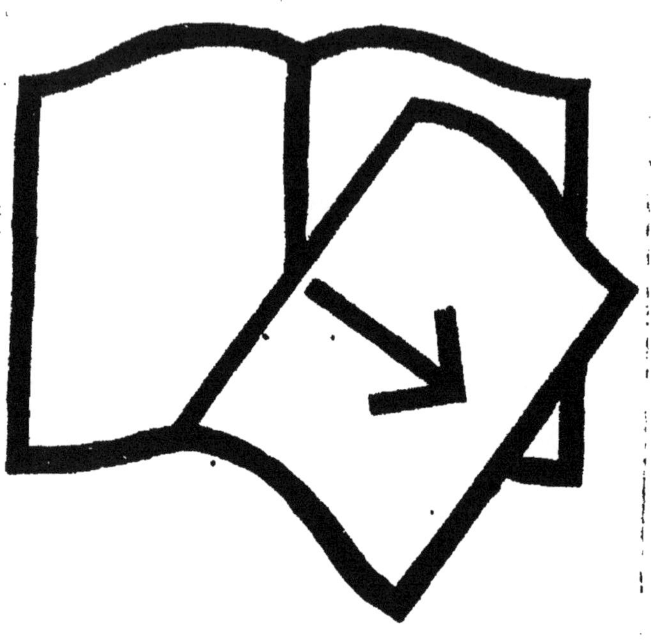

Couverture inférieure manquante

Original en couleur

NF Z 43-120-8

LE HAVRE

AVANT L'HISTOIRE

ET L'ANTIQUE VILLE DE L'EURE

PAR

M. L.-CHARLES QUIN

Membre de la Société nationale havraise d'Études diverses,
Vice-Président de la Société Géologique de Normandie.

HAVRE

IMPRIMERIE LEPELLETIER

1876

(1)

LE HAVRE

AVANT L'HISTOIRE

ET L'ANTIQUE VILLE DE L'EURE

PAR

M. L.-CHARLES QUIN

Membre de la Société nationale havraise d'Études diverses,
Vice-Président de la Société Géologique de Normandie.

HAVRE
IMPRIMERIE LEPELLETIER
1876

LE HAVRE AVANT L'HISTOIRE

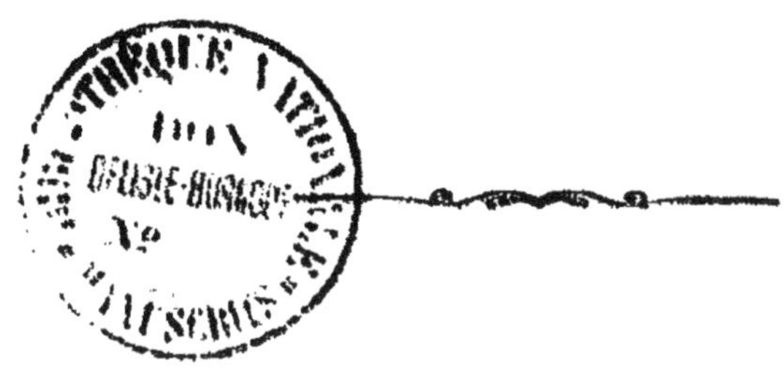

De nombreux écrits ont été publiés sur l'origine du Havre et sur la nature de son territoire.

La Société havraise d'Etudes diverses n'a cessé depuis sa fondation de s'occuper de ce sujet intéressant, et cependant M. Menant, l'un de ses membres, le savant assyriologue que Rouen vient de nous enlever, disait, il y a peu de temps, en l'une des séances de la Société, à l'occasion d'objets d'antiquité trouvés dans le sol du Havre:

« Il faut convenir qu'au point de vue historique il y
» a encore bien des choses à se demander ; ne serait-il
» pas à souhaiter que quelques études topographiques
» vinssent nous fixer sur des dates que nous avons tant
» d'intérêt à connaître ? Où finit, par exemple, l'ancien
» rivage ? Où et à quelle époque commence le dépôt des
» sédiments fluviaux ? etc., etc. »

Dès avant cet appel, les travaux que l'Etat faisait exécuter pour le port du Havre et ses bassins, et les fouilles sur la voie publique ou dans les propriétés privées, avaient attiré notre attention ; ils montraient le sous-sol à nu dans une étendue et sur une profondeur souvent considérable. Nous avions recueilli depuis longtemps de précieuses observations sur les diverses couches qui le constituent; nous en avions déduit la nature éminemment tourbeuse et non simplement alluvionnaire de ce territoire, et par suite son ancienneté. Les fouilles commencées à la Floride pour élargir l'avant-port, ont complété et confirmé ces déductions que nous avions signalées plus d'une fois à l'attention publique.

Voici le résumé de ces observations précédé de l'étude géologique du massif contre lequel s'est appuyé le territoire du Havre et de l'Eure.

FORMATION GÉOLOGIQUE DU COTEAU.

Les observations géologiques, abstraction faite de tout système, nous font reconnaître que sur les plus profondes, les plus anciennes roches de notre globe, se sont déposées pendant le cours des temps, et dans des mers autres que celles actuelles, des couches sédimentaires formées d'éléments minéraux et de débris organiques, sédiments divisés par la science en terrains et étages.

L'un de ces terrains, le crétacé, ou plutôt ce qui reste, autour du Havre, de ses étages, compose les falaises des côtes, et s'étend sous le haut plateau du pays. Il repose ici sur le terrain appelé kimméridge, qui, devant Sainte-Adresse, affleure au niveau des basses mers, et sur les formations plus profondes qui ont précédé ces terrains.

Mais celles qui ont suivi dans l'ordre de superposition, se trouvent peu dans nos contrées. Si l'on remontait la Seine, on les rencontrerait notamment vers Paris, où se montrent davantage des types de terrains tertiaires, quaternaires et contemporains.

Nos plateaux crayeux ne sont surmontés que par de très minces couches ou débris de ces terrains plus récents. Notre terrain crétacé s'est donc formé dans une mer de l'époque. Il a été relevé d'abord dans un temps qui correspond aux premières formations tertiaires.

Il a subi certainement ensuite des alternatives d'abaissement et de soulèvement qui l'ont vu recouvert, puis dénudé successivement de ceux des dépôts ultérieurs qu'il avait pu recevoir, puisqu'on observe chez nous des lambeaux de ces sédiments marins.

Le haut plateau de notre côte se trouve maintenant émergé à une hauteur de plus de 100 mètres en moyenne au-dessus de la mer.

Ces balancements alternatifs, si lents qu'ils aient pu être, ont ébranlé les masses, la craie s'est fissurée, peut-être brisée ; et moins compacte aussi dans ces temps anciens, elle a pu subir plus facilement des érosions considérables par l'action des eaux.

Ainsi notre estuaire et le canal de la Manche se sont creusés ; des courants violents donnèrent à nos coteaux leur relief actuel.

Quand le cours des âges eut amené la formation de nos vallées et de nos fleuves, il n'est pas douteux que le grand cours d'eau, devenu la Seine, rencontrait la mer plus en amont que de nos jours : le lit était moins obstrué.

La mer baignait le pied des coteaux qui s'appelèrent plus tard Tancarville, Oudale, Orcher, Graville, Ingouville ; elle remontait même dans les vallées latérales moins comblées.

Mais, éternelles comme leur auteur, les lois qui modifient la forme de la matière sans la créer à nouveau ni la détruire jamais, continuant leur action, les eaux refirent bientôt ce qu'elles avaient dévasté ; la mer et le fleuve rapportèrent à l'estuaire les débris enlevés à leurs rives, avec les restes des végétaux et des animaux ; et les alluvions commencèrent à s'étendre sur les fonds envahis.

Ces alluvions ont pu, dans ces âges qui n'ont pas de date, émerger au milieu du lit fluvial ou au long même du coteau, l'un ou l'autre est possible, mais la question est oiseuse. Il n'y avait alors ni Graville, ni Ingouville ; l'homme même occupait-il cette contrée ?

Les débris des falaises, les silex roulés, les sables entraînés par les courants et poussés par les vagues, vinrent s'accumuler au long de ces alluvions, formant une bordure solide à un niveau supérieur, même aux grandes marées.

Cette barrière s'avance successivement en remontant le fleuve, protégeant et maintenant au long du coteau l'alluvion où devait s'élever le Havre, et, plus tard, ses établissements maritimes.

La disposition des plateaux en cônes avancés a été au surplus la cause immédiate des alluvions qui se sont nécessairement formées derrière eux, sous la Hève pour nous, sous la Roque pour le marais Vernier, et ailleurs ; le banc ripuaire devait avoir plus de largeur en ces temps, si le promontoire du Chef de Caux s'avançait davantage en mer, comme l'indiquent les commencéments des vallées voisines brusquement interrompues par les falaises à pic.

Les eaux douces, d'origine pluviale, qui sourdent du coteau, après avoir filtré en pleureurs, à travers la craie et ses fissures jusqu'au niveau où elles rencontrent une couche imperméable, le gault ou marnes bleues du crétacé inférieur, ces eaux se répandirent sur l'alluvion vaseuse ; les germes des plantes de marais s'y développèrent, et formèrent des lits de tourbe.

Dans la suite des temps, des ébranlements terrestres, des mouvements maritimes renversèrent la digue naturelle ; le marais fut enhavi par la mer, une nouvelle couche de glaise vaseuse fut déposée, sur laquelle un autre banc de tourbe se forma.

Ces formations et envahissements ont dû se répéter, car on trouve encore dans les fouilles deux, trois et même quatre couches régulières de tourbe, suivant les localités, et séparées par des assises d'une glaise vaseuse qui s'est affaissée successivement.

Nos tourbes, d'ailleurs, ne doivent pas être considérées comme un fait isolé. Leur formation se rattache certainement à une période lacustre et tourbeuse de l'époque géologique dernière, à des barrages naturels, à une disposition des eaux différente de l'état actuel, mais commune alors aux terres de l'autre rive et à d'autres contrées. Les travaux des écluses de la Seine ont montré que le sous-sol de sa vallée est un lit de tourbe (peut-être plusieurs), depuis Poissy jusqu'à Pont-de-l'Arche et au-dessous. Nous retrouvons la tourbe encore, après le marais Vernier, à Berville, Jobles, Gretain, Fiquefleur, Criquebeuf, Villerville, etc., à des niveaux divers, et dans des sortes de bassins actuellement bouleversés ; à Jobles, une vaste couche de tourbe a montré cinq mètres d'épaisseur, elle est recouverte d'un tuf calcaire déposé par des eaux qui ne sont plus qu'un ruisseau.

COMPOSITION GÉOLOGIQUE.

Le haut plateau qui domine le Havre et fait partie du massif cauchois, se compose à la superficie d'une couche mince de terre ameublie par la culture provenant de dépôts quaternaires, et, en quelques endroits, tertiaires. Elle recouvre ou laisse voir souvent un banc d'une épaisseur plus ou moins considérable de terre franche rougeâtre, parfois trop grasse, mais qu'on amende par le marnage ; ce n'est ni l'argile pure (kaolin), ni l'argile plastique tertiaire, c'est l'argile commune dont on fabrique aussi de bonnes briques rouges.

Elle date de l'époque quaternaire, elle a été apportée et déposée par les eaux sur les dénudations de la craie dont les déchirures sur notre coteau sont comblées aussi, ou par des sables blancs et roses de transport comme au Mont-Joli, par quelques amas d'argile granuleuse de couleur orange probablement tertiaire, utilisée comme réfractaire, ou encore par une argile à silex noirs, très foncée de couleur et très grasse, observée vers Harfleur, et dont les masses s'interposent trop souvent dans les lacunes du banc de craie à marnage.

Ce coteau du Havre, appelé la Côte, commence à la vallée de Sainte-Adresse et finit près d'Harfleur, où s'ouvre une vallée de dislocation présentant un faible indice de soulèvement de la lèvre occidentale.

Le coteau havrais est horizontal dans l'ensemble de sa superficie, mais les couches qui le composent se relèvent doucement de l'est à l'ouest, vers la Hève.

La craie verte ou cénomanienne compose, sauf la mince couche superficielle, la falaise qui borde le Havre et Graville. C'est une masse énorme peu utilisée, si ce n'est comme blocage pour fondations ou gros murs.

Au delà, vers Harfleur par suite de son inclinaison vers l'est, elle se trouve recouverte d'une autre sorte de craie dite turonienne ou marneuse, qui sert au marnage, et y servait même dès le temps des Gaulois au rapport de Pline.

Celle-ci forme un banc assez blanc de 2 à 3 mètres d'épaisseur, sans silex, un peu sableux, avec grains de quartz et de mica, et quantité de coquilles incomplètes de moules d'inocérames caractéristiques, de jolies dents de squales avec leur émail rosé, et quelques spongiaires et polypiers.

Les étroites cavités horizontales que présente la base de l'étage cénomanien donnent issue au niveau du gault plus compacte, à des ruisselets d'eau douce, provenant des fissures verticales, mais ces sources si pures sont trop négligées et se perdent en partie sous les éboulis.

La détermination de ces terrains sédimentaires s'appuie sur la géologie et l'observation des fossiles caractéristiques de chaque étage; des couches peuvent manquer, mais comme elles ne sont jamais interverties, la connaissance de l'une d'elles indique la situation des autres et facilite les recherches.

La déclivité méridionale de ce coteau, formée d'antiques débris de la falaise, est recouverte d'une couche plus récente naturellement que ces éboulis, et plus récente aussi que l'argile commune ci-dessus décrite. C'est une terre moins rouge, moins épaisse, très fine, pure en général de tout corps étranger; les ouvriers l'appellent argilette ou terre à renard; elle provient de la dénudation partielle de la couche d'argile du plateau et de son remaniement par des eaux puissantes qui l'ont comme tamisée. Elle repose sur des silex de diverses teintes, brisés en fragments émoussés mais non roulés. Ils fournissent ici le macadam à demi préparé.

Cette argilette s'étend au bas du coteau, de Ste-Adresse à Harfleur. On la trouve sur toute la ligne qui forme la rue Neuve, la rue de Normandie et la route qui en est le prolongement vers Harfleur.

Mais du côté sud de cette ligne, c'est-à-dire, à partir des rues parallèles plus basses de Joinville, Hélène, Massillon, et suite, cette argilette s'arrête sur des dépôts vaseux de graviers et de silex noirs roulés; puis elle est remplacée dans la composition du sol devenu horizontal par une glaise grise très ancienne, mais cependant postérieure au dépôt de l'argilette.

Sur cette ligne, en effet, finit le terrain quaternaire.

Au bas commence le terrain plus récent d'alluvion ancienne.

Ils se mêlent d'abord au point de rencontre, puis la glaise d'alluvion domine, enfin elle se montre bientôt elle-même recouverte d'une formation de tourbe noire composant un banc magnifique très distinct qui s'étale à la superficie du sol.

Dans une coupe de cette tourbe, on voit qu'elle acquiert jusqu'à deux mètres d'épaisseur, et qu'elle repose sur la glaise de plus en plus profonde, à mesure qu'on se dirige vers le rivage. Bientôt on arrive à rencontrer dans l'alluvion deux autres bancs de tourbe distincts et séparés.

Les fouilles ont été suivies dans toutes les occasions possibles, les bancs de tourbe et de glaise ont été étudiés avec soin, et la topographie de chaque partie du territoire a été l'objet d'observations dont voici le résumé.

TOPOGRAPHIE.

Division et composition de chaque partie.

L'alluvion du Havre entre le coteau et le rivage, de Ste-Adresse à Harfleur, s'étend sur 3 kilomètres du Nord au sud et 10 kilomètres de l'ouest à l'est, renfermant 3000 hectares ou 30 millions de mètres carrés environ.

Sa surface est au niveau des hautes marées en général, quoiqu'elle présente de nombreuses parties plus basses, et aussi des relèvements considérables du sol. La température y est plus douce que sur le haut plateau. Les vents d'ouest, qui dominent dans le pays, s'y font sentir parfois en tempête. Des fossés d'écoulement l'ont beaucoup assaini, mais ces rigoles se déversent en partie dans le canal Vauban qui a trop peu d'eau et de pente.

La plaine de l'Eure, c'est le nom de toute la partie à l'est du Havre, comprend : 1o la vieille Eure, jadis ville importante — dont nous parlerons plus tard, — maintenant hameau qui vient d'être réuni à la commune de Graville-Ste-Honorine; 2o la nouvelle Eure où sont les Abattoirs, et qui fut une commune importante depuis 40 ans surtout, mais qui vient d'être réunie au Havre.

On voit que l'individualité de l'Eure tend à disparaître.

Cette orthographe, qui a été récemment adoptée par l'administration, paraît avoir été motivée par euphonie, par sa simplicité usuelle, et pourrait s'expliquer comme Eure dérivant du latin *ora*, rivage.

Leure, sans apostrophe, comme beaucoup écrivaient auparavant, pouvait venir de *Lura* ou *Lodurum* qu'on trouve dans d'anciens titres en latin.

Quelques auteurs ont écrit l'Heure avec un H que rien n'explique et n'autorise.

En divisant ce territoire, sa description sera plus claire.

Ainsi traçant par le bassin et le canal Vauban du Havre à Harfleur une ligne droite, coupée par une autre ligne transversale de l'Abbaye à la pointe des Neiges, l'alluvion se trouve divisée en quatre parties.

Premièrement celle du nord-est, d'Harfleur à l'Abbaye, se compose des basses falaises en pente douce où passe la grand'route, des jardinages qui la bordent établis sur l'argilette, l'argile et l'humus qui s'en est formé par les amendements et la culture, et enfin de quelques fonds peu marécageux qui restent entre la route et le canal, et que le chemin de fer traverse en remblai.

Les deux rives du canal, surtout près du château de Graville, actuellement dit Bois de Boulogne, offrent chacune une végétation différente qui dénote bien la dissemblance du sol, la rive sud se couvre de joncs et de laîches, indices de sa nature marécageuse.

La rive nord présente en ce point une terre grise qui se fend à la première sécheresse, durcit et devient difficile à ameublir, mais elle est fertile et bien cultivée pour fruits, légumes et fleurs; sur ce talus du canal on voit aussi beaucoup de plantes sauvages de houblon qui rappellent la bière, boisson des Scandinaves, et quantité de cardères venus sans culture, vestige peut-être des anciennes fabriques de draps du pays, si célèbres au moyen-âge, qui succédèrent aux étoffes de laine fabriquées par les femmes gauloises et même celtes, suivant la tradition recueillie par les Romains.

Deuxièmement partie sud-est, d'Harfleur à la vieille

Eure, entre le Hoc et le Canal. A la pointe orientale de cette partie est venue s'ajouter une alluvion moderne formée de vase sableuse que la mer et le fleuve ont apportée par la Lézarde, et qui s'abrite derrière un prolongement du Hoc; les dépôts des grandes marées en ont élevé le sol, et le bétail y pâture à l'abri de digues.

Cette pointe du Hoc ne pourra pourtant s'allonger beaucoup sans céder aux flots, car à mesure qu'elle s'avance, les éléments en sont plus mobiles, mais ce résultat est subordonné aux effets des endiguements de la Seine.

La Lézarde serpente à travers ce marais, et le creuse de criques changeantes où croît la christe marine, et qui sont dangereuses pour la navigation et le halage; c'est le seul reste de la crique d'Espagne.

Quant à l'accès d'Harfleur par la Lézarde, il n'a pas été plus facile autrefois. Ce qui a changé, c'est la dimension des bâtiments. Les nefs, les galées ont fait place à des navires d'un tonnage de plus en plus considérable, pour lesquels les ports d'Harfleur et de l'Eure sont devenus chaque jour moins abordables. Depuis ce progrès, le Havre a pu seul les recevoir. Aujourd'hui par les marées de vive eau, c'est-à-dire, à la suite des nouvelles et pleines lunes, Harfleur reçoit encore des navires pouvant atteindre 300 tonneaux, ce qui dépasse probablement la capacité des plus grandes nefs du moyen-âge; son bassin royal, ou clos des galées, a été comblé de nos jours et de main d'homme. Il était depuis longtemps abandonné. Quant aux rives de la Lézarde, elles servent, comme autrefois, de port de commerce d'importance bien moindre pourtant.

Sauf la pointe de marais qui longe cette rivière, notre deuxième partie, le quartier oriental de la plaine de l'Eure se compose d'un sol ferme, le long de Ste-Honorine, les terres du coteau s'avancent très loin en pente douce dans la plaine. En outre, au delà du Canal, à l'est de la route du Homet qui va de Ste-Honorine aux Neiges, le relèvement du sol, en terre labourable et en argile sableuse, dépasse souvent de trois à quatre mètres le niveau des hautes mers, et se continue jusqu'au centre de la plaine, d'où rayonnent les ruisseaux ou plutôt les rigoles d'écoulement.

Les terres livrées à la grande et à la petite culture dépendent de diverses fermes et propriétés particulières. Quelques bas-fonds seulement présentent des argiles marneuses exploitées pour la brique blanche.

A la vieille Eure existent des ruines de fortifications, souvenirs d'une puissance éclipsée dont nous parlerons.

La surélévation du sol est surtout remarquable sous Ste-Honorine dans la direction du sud, à partir des culées en pierre de taille et blocage d'un vieux pont détruit, qui réunissait les deux rives, en joignant le quartier de l'Abbaye au commencement de la route de la Vallée conduisant à la nouvelle Eure.

Troisièmement, la partie nord-ouest de la division comprend le territoire sis entre le Canal continué idéalement jusqu'à la rue de la Chaussée, et le bas de la côte de l'Abbaye jusqu'aux Pénitents.

Toute cette vaste étendue a montré sous une mince couche accidentelle de remblais, un immense et magnifique banc de tourbe ayant environ deux mètres d'épaisseur, méconnu dans son importance, et sur lequel l'attention doit être appelée exceptionnellement, parce qu'à son étendue, à sa puissance, s'ajoutent une homogénéité et une pureté surprenantes dans toute sa masse.

On voit ce banc à nu dans les jardins ou terrains non bâtis; on le retrouve sous les remblais, sous les constructions les plus anciennes à chaque fouille ou tranchée.

On peut le suivre sans interruption à partir du château de Graville, dont la motte ancienne entourée de murailles et de fossés, est taillée en partie dans l'argilette, et traversée par des arceaux, couloirs et caveaux.

Le banc de tourbe se montre dans toutes les basses cultures entre la route et le canal de l'Abbaye au Havre. Les nombreuses saignées d'assèchement qui coupent les terrains, sont taillées dans ce banc de tourbe ; la rue ou avenue Vauban traversée par le chemin de fer montre, des deux côtés, dans des fossés plus profonds, la continuation de cette tourbe noire, pâteuse en cet endroit, et qui se prolonge vers l'ouest, par les jardins, entre l'octroi et le Canal, par les rues Massillon et Demidoff, et toutes celles qui les coupent et composent le quartier de Ste-Marie.

Quelques lacunes qui se présentent en ce faubourg s'expliquent par des excavations pour travaux et par la substitution ou le mélange d'autres terres, car la tourbe pure brûle les radicelles des arbres délicats. Elle est acceptée par certains légumes particulièrement ; en général, un élément unique n'est pas suffisant pour la culture, les plantes réclament comme l'estomac une nourriture variée. Il est bon de noter que les insectes et les mollusques, limaces et autres semblent éviter la tourbe.

En février dernier (1875), la rue Demidoff qui se prolonge au loin du boulevard jusque vers Graville, présentait un spectacle surprenant. Une tranchée, pour la pose des tuyaux des usines de ce quartier, était, sur cette longue rue, ouverte dans ce magnifique banc de tourbe d'une épaisseur de plus d'un mètre en cet endroit ; ces blocs, coupés carrément par la bêche étaient étagés sur les bas côtés comme des cubes de pavés, et montraient dans toute sa fraîcheur, malgré son antiquité, cette masse d'un beau noir, d'un tissu spongieux. On voyait que ce banc s'étendait sous les terres et les propriétés.

En effet, on suit ce banc toujours identique sous le boulevard de la République, dans tout le quartier de l'Elysée, de la Douane, de la Prison, du Marché, de l'église allemande et du Lycée.

Les nombreux lots de petits jardins sans murs ni constructions, qui sont découpés dans les terres basses d'anciennes métairies, au lieu appelé jadis la Plaine, entre les rues du Corridor, de la Miséricorde et Lesueur, sont tous taillés dans ce banc, où les cultures qui le montrent à nu, prospèrent par les soins des commerçants ou des rentiers du voisinage.

Un autre endroit également très favorable pour observer cette tourbe, est le vaste emplacement voisin appelé la Prairie, situé au long du boulevard entre la caserne de la Douane et l'Elysée, et qui, couvert jadis de légères constructions, rasées en 1874 à la fin d'un long bail, a été vendu en partie par la municipalité du Havre.

Plusieurs lots ont été largement creusés pour les constructions qu'on y élève. On peut voir dans les coupes, sous un mètre environ de remblais ou d'anciennes fondations, ce même banc apparaître dans toute sa pureté.

Malgré l'enlèvement ancien de quelques parties de sa superficie pour de précédents établissements, on trouve encore l'épaisseur de près de 2 mètres de tourbe; on la voit assise sur une masse de glaise qui arrête l'eau, et qui, en avançant vers le sud, va montrer dans la masse d'autres bancs distincts de tourbe bien plus minces.

Cette belle tourbe noire, compacte, régulière, nettement stratifiée, est formée de végétaux dont la masse agglutinée est décomposée en partie en un humus gras un peu charbonneux, humide, formant pâte sous la main, mais acquérant de la dureté après un certain temps d'exposition à l'air sec.

La masse est mélangée de filets d'herbes rubannés, longs, minces, blanchâtres et moins décomposés, comme une sorte de paille siliceuse.

Cette tourbe peut être utilisée, après quelques préparations, comme amendement à certaines terres, et aussi comme combustible; à l'essai elle a fourni plus de calorique que les mottes de tan, et moins que le coke. Elle ne donne qu'un résidu de cendres, et n'a émis aucun gaz sulfureux, aucune odeur désagréable; mais l'extrême division du sol empêcherait l'exploitation en grand, et la restreindrait à des convenances particulières.

Il serait intéressant de rechercher l'influence de ce sous-sol, ainsi composé, sur l'hygiène locale.

Mais pour s'en tenir aux faits observés, la glaise forme sous la tourbe un fond imperméable, elle maintient l'humidité; la tourbe, peu corruptible en son état, peut s'altérer sous l'influence d'eaux ménagères et autres, et donner naissance à de l'hydrogène sulfuré, à des miasmes dangereux. Cette particularité du sol réclame spécialement un bon drainage.

Quelles réflexions fait naître l'aspect de cet immense et puissant banc de tourbe! Ni vase, ni sables, ni cailloux ne s'y sont introduits, quoique sa surface soit à un niveau souvent un peu inférieur aux hautes mers.

Les premiers végétaux qui ont pu croître sur la glaise sous les filets d'eau douce sortis du coteau, se sont renouvelés successivement, en se faisant lentement leur propre sol augmenté seulement de la mince couche formant le résidu annuel.

Que de temps il a fallu pour constituer cette épaisse couche supérieure de deux mètres environ, car elle n'est dans toute sa masse que débris d'elle-même!

La croissance sur place de ces plantes aquatiques (d'eau douce exclusivement) et leur transformation en tourbe, sont soumises à des conditions spéciales qui prolongent encore la durée de ces temps, et augmentent l'antiquité du banc de la surface et encore plus pour les bancs inférieurs.

Or, de ce fait que le banc de tourbe supérieur est demeuré pur et intact, il résulte qu'il a dû être séparé des criques du rivage, et garanti de l'envahissement des plus hautes marées par un obstacle sérieux, une digue naturelle formée par son ennemi même, la mer.

Donc, en outre, jamais depuis les temps les plus reculés de l'origine de cette tourbe supérieure, la rivière, la Lézarde, n'a dû couler entre le banc et le coteau, et la mer n'a pu baigner le pied de la côte de Graville et d'Ingouville; enfin, jamais non plus, les vaisseaux ne sont venus par l'ouest ni par l'est s'amarrer sous le château sis au bas de l'Abbaye.

On a prétendu qu'il y avait eu jadis des anneaux fixés à ses murailles pour amarrer les navires. On n'entendait donc pas parler d'un fait accidentel, car s'il est possible qu'une mâle marée ait entraîné des barques sur le territoire de l'Eure, des anneaux scellés à l'avance auraient été une étrange prévision.

Quant à un fait ordinaire, on a confondu le domaine de Graville avec le château sous l'Abbaye.

Loys de Vendôme, vidame de Chartres, seigneur de Graville, par son mariage avec la fille de Guillaume Mallet de Graville, étendit son domaine seigneurial jusqu'au rivage où fut une tour, dite du Vidame, près des bassins actuels de la Floride. Il prélevait des droits sur les pêcheurs et les barques qui s'arrêtaient à ce rivage.

Telle est l'origine de l'erreur.

C'est ainsi que cette commune de Graville vient d'absorber administrativement le reste des terres de l'Eure, où sont les chantiers de construction de la grande Compagnie de l'Océan; un jour peut-être dira-t-on qu'à Graville, sous l'Abbaye, on lançait de puissants navires.

Nous ne contestons pas, du reste, que les eaux n'aient pu baigner le pied du coteau dans les temps antérieurs à l'époque géologique actuelle, l'état des falaises le long de la Seine le prouve assez, mais c'est l'antiquité géologique qui s'impose à l'esprit, et que nous signalons.

Examinons maintenant le reste du territoire.

Quatrièmement, le quatrième côté de la division, le sud-ouest du territoire, comprenant la Vallée, la nouvelle Eure, les bassins anciens et nouveaux, le-Perrey et la partie maritime du Havre, a subi les conséquences de son voisinage de la mer; surtout dans sa partie sud-ouest.

Les traces de bouleversement, d'envahissement, se sont montrées dans les fouilles des grands travaux de la marine surtout.

Voici au surplus le résumé de l'examen de chaque point important:

1° On trouve dans tout le quartier dit de la Vallée, sur la rive sud du canal Vauban, une terre grise d'alluvion d'une grande épaisseur employée à la fabrication des briques blanches dans de nombreuses exploitations. Sa composition indique son origine : les eaux d'amont, les marées et les courants ont, dans les temps les plus reculés, apporté chacun leur tribut; c'est une combinaison intime plutôt qu'un simple mélange d'argile, de marne et de glaise vaseuse sans oxide de fer.

Les tranchées pratiquées jusqu'à cinq mètres et plus de profondeur pour l'extraction de la terre à briques n'ont pas montré dans cette partie du territoire les couches de tourbe; l'envahissement de l'eau a pu toutefois cacher celles inférieures.

Mais à peu de distance, vers les bassins, des couches inférieures ont généralement été vues à la faveur des épuisements; en outre, sur une certaine étendue le banc supérieur, moins intact pourtant qu'au nord, est cependant encore très reconnaissable.

2° Les bassins Vauban, des Docks, de l'Eure et de la Barre ont présenté deux couches inférieures de tourbe avec des débris de bois et même des arbres couchés réduits en tronçons. Les rapports des ingénieurs et d'écrivains observateurs ont été unanimes à cet égard, mais ils ne s'expliquent pas sur le banc supérieur.

3° L'écluse des transatlantiques et la grande cale-sèche ont nécessité des fouilles plus profondes, qui, au-dessous du niveau de ces tourbes inférieures, ont atteint sous l'alluvion vaseuse une couche de cailloux noirs et de sables de fond.

4° La Citadelle, qui avait remplacé celle de Richelieu a été démolie, il y a quelques années ; et sur son emplacement, un grand bassin en deux parties, un sas éclusé et trois formes sèches, de dimensions croissantes, ont été créées avec une profondeur de plus de dix mètres, mais les fouilles ont atteint une cote plus forte pour les fondations et pour l'assèchement qui s'opérait, à grande distance, au moyen du câble télo-dynamique de Hiru.

Des parties du sol réservées, d'abord à l'intérieur, ainsi que les flancs verticaux des côtés, ont permis d'observer complétement la coupe des terrains sur le vaste espace qui de l'avant-port s'étend au nord vers la nouvelle caserne.

L'étude de cette partie a été arrêtée, le mercredi 8 septembre 1869, par l'état d'avancement des constructions.

Elle a fait reconnaître sous la couche superficielle de remblai, une masse alluvionnaire de glaise grise, passant dans les fonds par des teintes variées plus noires.

La partie supérieure de cette glaise était occupée par une couche de tourbe mêlée de débris ligneux en partie décomposés.

Cette tourbe qui avait dû être plus épaisse avant les anciennes constructions avait encore un mètre et plus de puissance suivant le lieu.

A trois mètres au-dessous, ondulait un autre banc de tourbe vaseuse, traversé par de longues herbes rubanées assez larges.

A deux mètres plus bas encore, s'étendait un autre banc de même aspect.

Tous deux, d'un demi-mètre au plus d'épaisseur, s'amincissant et se perdant dans la masse de glaise, en montrant des brisures et des dénivellements subits, des sortes de failles.

Le lit supérieur était, à diverses places, coupé de troncs d'arbres sans branches ni racines, renversés horizontalement en sens divers, assez conservés pour dénoter parfois une essence résineuse.

De nombreuses petites coquilles bivalves, de notre époque et de nos rivages, étaient éparses dans le lit inférieur et dans la vase fétide du fond reposant sur des sables et des silex.

Cette observation du sol de la Citadelle a été suivie avec un soin extrême, car jamais peut-être une aussi belle, une aussi grande occasion, une place aussi favorable ne pouvaient se présenter; l'ensemble des étages se trouvait réuni, le banc de tourbe supérieur encore bien reconnaissable, les bans inférieurs de tourbe, disloqués, envasés, la masse alluvionnaire de glaise, les arbres stratifiés, le fond de sable et de cailloux, tout décelait le secret de la formation antique de l'alluvion havraise, de cette belle tourbe méconnue, sinon inconnue, qui décide la question d'antiquité du territoire.

5° Au Perrey, les silex roulés bordant la rive depuis la jetée jusqu'à Ste-Adresse, recouvrent un banc de tourbe qui longe les épis protégeant le rivage. Sa continuation a été signalée sous les assises de la jetée du Sud et des bastions.

6° Les travaux commencés au bassin de la Floride ont mis à découvert au niveau des basses mers plusieurs bancs inférieurs de tourbe épais, l'un de 35 centimètres, l'autre de 20 centimètres, et le plus profond de quelques centimètres seulement, un peu ondulants et inclinés vers l'ouest, séparés par des dépôts de glaise d'épaisseur diminuant successivement, et mêlés vers le fond de cailloux roulés et de coquilles actuelles.

A cet endroit, non loin des anciennes chasses, ces dépôts et les bancs de tourbe sont coupés et interrompus par des amas de sables, graviers et débris divers, qui semblent avoir fait irruption, et qui ont apporté ou englouti des épaves de diverses sortes et de diverses époques.

Le bassin de la Floride avait été creusé évidemment dans la continuation de ces bancs de tourbe qui ont ainsi disparu dans cette partie.

7° Aux laisses de basse mer, le long du rivage, on voit, dit-on, des strates de tourbe. Ces vestiges seraient la preuve de l'extension plus grande de l'alluvion, à l'abri d'un cap plus avancé en mer, ou au moins de plus vastes marais tourbeux sur un sol d'une configuration générale différente.

8° Il faut mentionner ici le sondage profond exécuté en 1830 jusqu'à deux cents mètres de profondeur sur la place Louis-Philippe au Havre, et qui a traversé dix-huit mètres de cette alluvion avant d'atteindre les couches du kimméridge sous-jacent en cet endroit.

9° Enfin le sol du vieux Havre étant couvert d'anciennes constructions et dénaturé profondément, n'a pu être étudié utilement, mais il est de notoriété que la ville a été fondée sur les perreys et sur l'alluvion qui partout ailleurs, on l'a vu, renfermait les bancs de tourbe.

Tout autour du vieux Havre, à l'extérieur, la tourbe a été constatée, il ne serait pas explicable qu'à l'intérieur le sol n'ait pas contenu au moins les bancs inférieurs.

Résumé.

Cette étude approfondie du sol du Havre et de la plaine de l'Eure, fait connaître la véritable composition de toute l'alluvion, révèle son antiquité, et explique comment le sol a pu être habité et cultivé dès les temps les plus reculés.

Aucun des peuples nombreux qui l'ont successivement foulé de leurs pas, Celtes, Gaulois, Romains, Barbares, Francs, Saxons, Scandinaves, Normands, n'ont transmis le souvenir de sa formation, car elle est antérieure à l'histoire.

La pointe extrême orientale appuyée sur le Hoc s'est un peu accrue par la Lézarde, mais tout le reste est une alluvion ancienne, ferme et consolidée. Les bancs inférieurs de tourbe qu'elle contient, formés à une date si reculée, avaient été dès longtemps ensevelis, étouffés dans les dépôts de glaise vaseuse. Dérobées aux influences atmosphériques, ces tourbes partagent le sort des fossiles et peuvent se conserver indéfiniment.

Quant au banc supérieur de tourbe si belle, si pure, se développant à la superficie du sol sur une si vaste étendue qui comprend la plus grande partie du territoire du Havre et de la plaine de l'Eure, sa vie végétative était éteinte depuis une époque naturellement plus récente, mais encore bien antérieure à notre ère; il avait acquis toute sa puissance d'accroissement; au niveau atteint il ne trouvait plus les conditions nécessaires à la formation d'une végétation additionnelle, et n'ayant pas été exploité, il n'avait pas eu de vide à remplir.

C'est un corps resté inerte dans sa masse et conservé par le tannin des végétaux qui le composent.

A la superficie, il était devenu marais, pâturage, culture et grève.

Ce n'était donc pas une alluvion récente, à peine sortie des eaux lors de la fondation du Havre, et encore surélevée depuis par de nouveaux dépôts des marnes; non. C'était une formation antique, qui avait eu sa vie et ses phases; c'est le reste d'un territoire tourbeux bien plus étendu, dont les bases de vase alluvionnaire se sont successivement affaissées, et dont les surfaces se sont recouvertes successivement de nouvelles végétations qui ont formé des bancs de tourbe pendant des temps géologiques qui n'ont pas de dates.

Ce rivage admirablement situé à l'embouchure d'un grand fleuve, pénétrant au loin dans une contrée fertile, a dû retenir et fixer des habitants dès les temps les plus reculés.

Leur histoire n'a pas été écrite, mais dans le but de compléter les preuves géologiques d'antiquité du territoire par des preuves historiques, nous avons entrepris d'en rassembler les éléments.

Ce sera l'objet de la seconde partie de ce mémoire.

HISTOIRE DE LA VILLE DE L'EURE.

Fouiller aux environs du Havre, pour y rechercher une ville morte depuis cinq siècles, et sur un sol qu'on dit récent, est une entreprise qui pourra surprendre bien des lecteurs.

Mais déjà dans la première partie : *Le Havre avant l'histoire*, nous avons développé les preuves géologiques établissant que le sol sur lequel le Havre a été fondé, et la plaine de l'Eure voisine, n'étaient pas simplement une alluvion de sables vaseux, formée par les courants à une époque peu antérieure à la création de cette ville, et surélevée encore par des dépôts plus récents des hautes marées ; nous avons démontré qu'au contraire tout ce territoire était une formation ancienne de bancs successifs de tourbe accrus sur des couches de glaise vaseuse plusieurs fois affaissées, renouvelées, et plusieurs fois recouvertes de cette végétation sur place de plantes aquatiques toutes d'eau douce, qui ont exigé pour croître et se transformer en tourbe, des temps considérables.

Il fallait donc reconnaître à ce sol une antiquité très reculée, et notre conclusion reportait ces formations à une époque géologique antérieure à celle actuelle, à la période tourbière.

Ces preuves géologiques d'antiquité nous semblaient suffisantes, cependant nous avons désiré les appuyer et les confirmer par des preuves historiques que nous avons recherchées éparses dans les documents les plus sûrs.

Il en est résulté un faisceau de faits authentiques qui prouvent le séjour sur ce territoire d'anciens peuples divers, et l'existence, pendant plusieurs siècles avant le le Havre, d'une ville importante et de ports actifs et puissants sur ce littoral, au lieu dit la vieille Eure, où ne se voit plus que le hameau des Neiges.

Ruinés et ensevelis depuis plus de 400 ans, les monuments de ce glorieux passé ont pu facilement être niés ou amoindris par des écrivains récents qui ont négligé les sources authentiques, pour y substituer et répéter à l'unisson des légendes à sensation, sans aucun souci de la critique historique.

Ils ont attribué à Graville-l'Eure des événements concernant des localités très éloignées. Ils ont présenté cette plaine comme inhabitable à une époque assez récente, et comme le domaine de la mer jusque sous l'Abbaye.

Ces récits fantaisistes et bien d'autres pareils, faut-il les discuter ?

Il vaut mieux laisser parler les faits.

Nous allons les exposer.

Mais avant d'arriver aux documents indiscutables, nous avons à traverser une série de temps où les faits sont moins certains; c'est ainsi que commencent tous les peuples; avant qu'ils aient brillé et fait parler d'eux, ils ont parcouru une période d'inconnu, de doute, d'obscurité; heureux peut-être s'ils n'eussent pas eu d'histoire.

La ville de l'Eure n'a pas échappé à cette destinée fatale.

VESTIGES PRÉHISTORIQUES.

Il n'a été jusqu'ici constaté dans les écrivains antérieurs à notre ère, rien qui ait rapport au territoire *de l'Eure* spécialement, quoique l'embouchure de la Seine (*ora sequanæ, ostia fluvii sequanæ*) soit citée souvent par les historiens et les géographes grecs et latins, César, Strabon, etc.

Ptolémée nomme les Calètes, établis sur la rive nord du fleuve (Pays de Caux), et dont la ville principale était Juliabona (Lillebonne), lorsqu'il écrivait, vers l'an 175 de notre ère.

Cette forme ou orthographe du nom de l'Eure a été adoptée récemment, et peut s'expliquer comme dérivée d'*ora* (rivage). On écrivait jadis Leure, tiré, a-t-on dit, de *Lodurum* qu'on trouve dans des titres de monastère; mais pour nous *Lodurum* a été plutôt, comme les mots de basse latinité, forgé d'après le nom vulgaire. Quant à l'Heure avec un H, il ne s'explique par aucune étymologie.

On peut citer comme indice de l'ancienneté de ce sol, les découvertes qui y ont été faites de pierres taillées par éclats en silex, ou encore des hachettes en pierre polie, et des outils ou armes dites haches celtiques en bronze, enfin des meules gallo-romaines en pouding tertiaire de nos environs, propres à moudre les grains, et trouvées à l'Eure assez fréquemment par des personnes dignes de foi. M. Dubocage de Bléville a attesté aussi en avoir extrait du marais qui entoure le Havre : ce sont des certificats d'antiquité de ce territoire.

Personnellement, nous avons découvert et conservé une hachette polie de la seconde époque de la pierre, provenant des fronts ouest du Havre, la matière est une diorite grisâtre ; la forme extrêmement régulière et artistique indique un objet symbolique, une amulette plutôt qu'une arme. Ses dimensions sont de 7 centimètres de long sur 5 de large à un bout, et 3 à l'extrémité plus étroite ; l'épaisseur ne dépasse pas 2 centimètres ; les contours sont légèrement adoucis.

Nous avons trouvé de plus un silex blond taillé par éclats en amande, à patine jaunâtre, de l'âge paléolithique (1re époque) de dimension triple ; mais c'était sur la rive opposée ; des hachettes en bronze, à douille, filets et anneau, coulées au moule, et de la forme qui se représente presque identique dans toutes les trouvailles en Europe. Elles gisaient en faisceau dans l'argilette à Notre-Dame-des-Bois, près d'Harfleur ; enfin une meule gallo-romaine à moudre le blé, en pouding local à grain fin, formé de petits silex roulés de couleurs diverses, empâtés dans un ciment siliceux naturel, tertiaire comme eux. Elle était dans le sol meuble près de la prairie de Colmoulins.

L'ensemble de ces dernières découvertes vient appuyer les déductions plus positives tirées des premières, sur l'antiquité du sol.

Des recherches attentives n'ont pu montrer des vestiges d'habitations lacustres de l'époque préhistorique ; il semble que ces marais ont pu en recevoir, malgré le voisinage de la mer ; il faudrait continuer à rechercher des pilotis ou au moins des objets à l'usage des anciens habitants.

Des débris d'embarcations de forme et construction

primitives ont été trouvés jadis dans les fouilles faites
pour établir le bassin de la Barre et le bassin Vauban;
ce sont encore des vestiges précieux de l'ancienneté du
territoire.

Quant aux épaves qu'on retire fréquemment des nouveaux travaux de la Floride, elles se rapportent jusqu'ici
à des dates voisines de la fondation du Havre; nos
recherches s'attachent à des temps plus reculés.

Après l'époque celtique et gauloise, nous arrivons à la
période romaine.

ÉTABLISSEMENTS ROMAINS.

Les traces du séjour des Romains sur ce littoral sont
incontestables; ce peuple n'a pas négligé une aussi magnifique situation; et depuis, longues années, on retrouve
presque chaque jour des objets relatifs à sa vie domes-
tique, d'ameublement ou de toilette, des restes de bains,
des vestiges d'habitations, des sépultures; sur le rivage
même, à demi distance entre la vieille et la nouvelle Eure,
se sont montrées des ruines romaines; les écrivains locaux
en ont conservé le souvenir, et les cartes officielles du
service vicinal du département, feuille de l'arrondissement
du Havre et plan de cette ville, nomment, précisent et
figurent des murailles romaines.

De beaux vases en terre, dite de Samos, avec figures en
applique, et dont un a paru au Musée du Havre, et se trouve
maintenant à Rouen, ont été décrits et publiés notamment en 1869. Ils avaient été découverts dans l'argilette
au bas de la rue des Gobelins.

Les recherches faites sous les ruines éparses autour de
la chapelle des Neiges à l'Eure, ont fait reconnaître des
vestiges du temps de la première race, et le docteur Beau-
regard du Havre a retiré des fouilles une belle urne
mérovingienne qui est conservée au Musée de Rouen.

Tous les recueils citent les découvertes successives faites sur cette alluvion, de médailles anciennes.

Il n'y a pas lieu de parler ici des reliques romaines de toute nature trouvées en si grand nombre dans les localités environnantes, mais autres que la prairie, non plus que des monuments et objets d'art dont ce peuple avait orné une ville voisine (Juliabona), et qui prouvent seulement combien il a dû fréquenter notre littoral qui en ouvrait l'accès.

STATION SAXONNE.

Les Barbares, notamment les Saxons du nord, détruisirent ces établissements romains, mais les envahisseurs y laissèrent d'autres traces de leur séjour. Leurs sépultures remontant à l'époque intermédiaire entre la retraite des Romains et l'arrivée des Scandinaves, ont été retrouvées en grand nombre en 1587 près de la chapelle des Neiges. M. l'abbé Blot, prêtre de St-François, les a décrites dans un mémoire manuscrit resté entre les mains d'un savant abbé de la même paroisse, qui en a déposé une copie aux archives municipales de la ville du Havre.

Cette partie du rivage, actuellement la vieille Eure, où les Saxons avaient une station, formait à son extrémité orientale une saillie qui reçut d'eux le nom de Hoc, qui signifie en saxon pointe, crochet. Le nom de la ville d'Harfleur a la même origine saxonne; on a cessé assez généralement d'écrire la ville *de* Harfleur, l'aspiration serait plus régulière cependant.

NORMANDIE.

En l'an 814, à la mort de Charlemagne, les Scandinaves attaquèrent son empire.

Ils abordèrent sur le rivage de l'Eure en 841 et le dévastèrent. De là ils se répandirent dans le pays, pillant, brûlant les grands monastères, St-Wandrille, Jumiéges, ainsi que la ville de Rouen; ils rapportaient leur butin sur le rivage de l'Eure, disent les écrivains modernes.

Ces invasions se répétèrent. Les Barbares arrivés par mer dans des barques légères, remontaient les fleuves, et ravageaient une grande partie de la France. Rou ou Rollon était du nombre des chefs, mais quand il arriva sur notre rivage, pour la première fois en 876, et qu'il remonta la Seine, il fut tellement charmé de l'aspect du pays, malgré les dévastations des précédents envahisseurs, qu'il défendit toute violence inutile, et s'y installa comme dans son domaine.

Charles-le-Simple lui en confirma la possession en 912, et fit avec lui le célèbre traité signé à St-Clair-sur-Epte, non loin de la grande île de Jeufosse, où l'Epte se jette dans la Seine; là fut fixée la limite du duché nouveau de Normandie, et de ce que le régime féodal et les dissensions avaient laissé au Roi de son beau pays de France.

Si nous citons cette île de Jeufosse, appelée en latin *Givoldi fossa* par les chroniqueurs du temps, c'est que là aussi fut passé cinquante ans plus tard, en 962, un autre traité entre Lothaire, roi de France, et Richard 1er, troisième duc de Normandie, petit-fils de Rollon, dans un grand appareil, et sur un magnifique théâtre pour éblouir l'armée des Barbares païens.

Richard 1er les avait appelés de Scandinavie et amenés jusque-là pour se venger de Thibaut, comte de Chartres, dont il ravagèrent les possessions si cruellement, que les évêques et le roi Lothaire durent intervenir et préparer un traité.

Cet évènement a été transporté, par des écrivains récents, dans notre plaine de l'Eure, sur une prétendue butte des Sarrasins, auprès d'une fosse de Graville, *Giraldi fossa*.

Il suffit de lire ces faits et les circonstances qui s'y rattachent, dans les chroniqueurs originaux et les trouvères de l'époque, pour se convaincre de la vérité, et s'assurer que la plaine de l'Eure et que Graville n'y sont pour rien.

Par le premier de ces traités, la Neustrie, devenue Normandie, se trouva séparée de la France, et, au siècle suivant, ce duché fut même relié à l'Angleterre, quand ce royaume eut été conquis, en 1066, par Guillaume le Bâtard, qui réunit les deux couronnes sur sa tête.

Mais Philippe-Auguste, en l'an 1200, reprit la Normandie, qui depuis resta française, sauf les alternatives de la guerre de cent ans.

Continuons de suivre les preuves historiques d'antiquité de la ville et du territoire de l'Eure.

Les chroniques des grands monastères établissent qu'il existait, sous les Mérovingiens et les Carlovingiens, sur le littoral de l'Eure et aux environs, des salines qui paraissent remonter au temps des Romains.

On trouve ces salines désignées et figurées aussi sur les cartes du service vicinal, à côté des ruines romaines, entre la vieille et la nouvelle Eure, nous allons en dire le sort.

Richard II, arrière-petit-fils de Rou, fit, en août 1027, l'année de sa mort, donation au monastère de Fécamp des dîmes des salines d'Oudale et de 60 mesures de sel à Harfleur.

Et en 1054, Guillaume, qui fut le conquérant, confirma, en faveur de l'église de St-Georges-de-Boscherville, la donation faite par le seigneur de Tancarville, son chambellan, de nombreux droits, *In Heruflueth quidem et Luræ duas pensas salis, omni anno;* deux charges de sel par chaque année, à prendre à Harfleur et à Leure.

On retrouve encore ces salines de l'Eure en 1268. L'archevêque de Rouen, Eudes Rigaut, dont le journal de visites pastorales a été conservé, vint, cette année-là, processionnellement à travers le territoire de l'Eure, en longeant les salines, et suivi du clergé et des notables de l'Eure, faire la dédicace d'une belle église reconstruite à la vieille Eure par le zèle de la population de ce port florissant.

Ces salines avaient été longtemps une grande richesse pour ce littoral, elles cessèrent d'être exploitées en 1342, au commencement de la guerre de cent ans, dont les embarras obligèrent à établir des greniers à sel, ce qui fit appeler Philippe de Valois le *roi salique*.

Le manoir de la Quesnée, qui s'étendait sur cette rive, fut omosné, en 1294, au prieuré de Graville par Jean Quesnel. Revenu de la croisade, où il avait accompagné saint Louis, ce seigneur entra en religion peu après. Il mit pour condition que les chanoines feraient bâtir à l'Eure une chapelle, qu'il ne faut pas confondre avec la belle église inaugurée vingt-six ans auparavant par l'archevêque (archives ecclésiastiques).

Ces deux édifices périrent avec la ville dans les guerres dont nous parlerons.

Non loin de leur emplacement, plus tard, au XVIIe siècle, une petite chapelle fut bâtie par de Villars-Brancas, sous le vocable de Notre-Dame-des-Neiges, mais abandonnée lors de la première révolution, elle n'est plus aujourd'hui qu'une grange de ferme.

L'église reconstruite en 1268, à la vieille Eure, a été désignée à tort, dans quelques histoires locales, comme celle située près des Abattoirs à la nouvelle Eure, mais cette commune n'existait pas avant François Ier. Elle est née avec le Havre, comme faubourg de pêcheurs et d'ouvriers bretons; elle a hérité des autels renversés de la vieille Eure, à qui seule s'appliquent aussi les noms de *Lodurum* et *Leuræ* constatés aux cartulaires du prieuré de Longueville-le-Giffart et de l'abbaye du Valasse.

Quant à la ville de l'Eure, elle s'était développée par l'énergie entreprenante des hardis navigateurs normands, sur les ruines de l'ancien établissement des Saxons, dont les sépultures s'y sont retrouvées.

La ville de l'Eure avait, ainsi qu'il va être établi, sans conteste possible, son port extérieur sur le rivage maritime de la Seine, et un autre port intérieur sur la Lézarde, dans une anse ou courbe que cette rivière décrivait à à travers le marais, après être sortie d'Harfleur. Ces avantages étaient, déjà en 1299, qualifiés d'antiques par un arrêt du Parlement de Paris, qui met la ville de l'Eure sur le même pied que la ville d'Harfleur, et lui donne gain de cause ; en voici les circonstances.

Ce port intérieur offrait aux navires qui voulaient remonter à Harfleur, un abri en attendant la marée, comme aujourd'hui encore, à l'intérieur du Hoc ; il servait aussi au déchargement ou allégement des navires qui avaient trop de tirant d'eau ; les plus gros navires s'arrêtaient donc à l'Eure.

Il en résultait une rivalité, une lutte continuelle entre ces deux villes, aussi les habitants d'Harfleur faisaient-ils tous leurs efforts pour redresser le cours de la Lézarde, en creusant un nouveau lit, afin de la faire couler en droite ligne vers la Seine, contrairement à son antique et naturel cours moins direct, mais leurs efforts n'eurent pas un long succès.

Ces précieux renseignements sont fournis par un procès jugé au Parlement de Paris en 1299, après enquête à l'Echiquier de Rouen, et publié en la collection des ordonnances, sous le titre d'*Oltm*, qui se trouve à la bibliothèque du Havre.

Ils sont un titre de noblesse, un certificat d'antiqué

origine et d'importance pour la vieille ville de l'Eure, qu'on nie ou qu'on discute aujourd'hui; l'arrêt devrait être gravé sur une table de bronze, placé dans cette ville de l'Eure, si elle n'était pas ensevelie sous les ruines.

Cet arrêt est trop important pour ne pas le reproduire; en voici le texte latin, suivi de la traduction, mot pour mot, en français, que nous en avons faite.

« Anno 1299. Cum inter homines habitantes apud Leure, ex una parte, et homines habitantes apud Harefleu, ex altera parte, contencio esset mota super eo quod dicti habitantes de Leure asserebant dictos homines de Harefleu, de novo quandam trancheyam fecisse, scindendo terras ab habulo suo de Leure usque ad cursum secane, et per dictam trancheyam ducendo aquam dulcem riverie currentis apud Harefleu, usque ad secanam dirigendo, et antiquum ac naturalem cursum dicte dulcis aque, quum abire solebat ad crotum, seu habulum de Leure, totaliter avertenda, in dicti habuli detrimentum et hominum habitantium in *dicta villa de Leure* prejudicium et gravamen, petentes per nos prononciari dictam trancheyam amoveri debere, dictis hominibus de Harefleu, contrarium dicentibus, et asserentibus, se de jure dictam trancheyam posse fecisse, et eam in statu in quo est remanere debere, tandum vista inquiesta, de mandato gentium nostrorum, tunc scacarium rothomagense tenencium, super hoc facto, racionibus et causis utriusque partis diligenter auditis et examinatis; quia inventum fuit quod dicta dulcis aqua secundum antiquum et naturalem ejus cursum fluere solebat ad dictum crotum seu habulum de Leure, et quod per dictam trancheyam impeditur et totaliter evertitur dictus cursus, in dicti habuli detrimentum, et dictorum habitancium de Leure, prejudicium et gravamen.

» Per curie nostre judicium, pronunciatum fuit dictam trancheyam quatenus avertit, et est facta contra naturalem et antiquum cursum dicte dulcis aque et in detrimentum dicti habuli, et prejudicium dictorum habitancium de Leure, — Amoveri debere. »

Voici la traduction littérale :

« An 1200. Comme entre les hommes habitant à l'Eure d'une part, et les hommes habitant à Harfleur d'autre part, contestation s'est élevée sur ce que les dits habitants de l'Eure, assuraient que les dits habitants de Harefleu avaient fait de *nouveau* une tranchée en scindant les terres de leur hable de l'Eure, jusqu'à la Seine, et par la dite tranchée conduisant l'eau douce de la rivière coulant à Harefleu (le nom si imagé de la Lézarde ne lui avait pas encore été donné et n'apparaît qu'au XVII° siècle) en la dirigeant jusques à la Seine, et détournant totalement l'antique et naturel cours de la dite eau douce, qu'elle avait coutume d'avoir vers le crot ou hable de l'Eure, au détriment du dit hable et au préjudice et dommage des hommes habitants de la *dite ville de l'Eure*, demandant que nous prononcions la suppression de la dite tranchée.

» Les dits habitants de Harefleu disant le contraire, et assurant qu'ils ont de droit pu faire cette tranchée, et qu'elle doit rester en l'état qu'elle est.

» Enfin vu l'enquête à ce sujet faite par ordre de nos délégués siégeant alors à l'échiquier de Rouen, les raisons et les motifs de chaque partie diligemment entendus et examinés ;

» Pour ce qu'il a été reconnu que la dite eau douce, selon son antique et naturel cours, avait coutume de couler au dit crot ou hable de l'Eure, et parce que par la dite tranchée ce cours est empêché et totalement détourné au détriment du dit hable et au préjudice et dommage des dits habitants de l'Eure,

» Par jugement de notre cour, il a été prononcé que la dite tranchée en tant qu'elle détourne et est faite contre le naturel et antique cours de la dite eau douce, et au détriment du dit hable, et préjudice des dits habitants de l'Eure,

» — Devait être supprimée. »

Cet arrêt du Parlement de Paris prouve la grande importance de la ville de l'Eure, comme l'antiquité de son territoire, et l'existence, qualifiée également d'antique en 1209, des marais qui s'étendaient devant Harfleur jusqu'à la Seine.

Un arrêt postérieur du Parlement de Rouen mit fin à de nouveaux conflits entre les deux villes, au sujet du port intérieur de la ville de l'Eure, sur la Lézarde, en laissant la rive gauche à Harfleur, et en soumettant à la vicomté de l'Eau de la ville de l'Eure, la rive droite de ce port et tout le territoire s'étendant à l'ouest.

L'importance de la ville de l'Eure, déjà si ancienne en 1209, et si bien constatée par l'arrêt du Parlement de Paris rendu en sa faveur contre le souverain port de Normandie, était augmentée par des établissements civils et maritimes de toute nature sur son territoire.

Ainsi la ville de l'Eure eut une prévôté particulière pendant plusieurs siècles, que ce port continua à recevoir les marchandises d'Angleterre, d'Irlande, des pays du Nord, du Portugal et des Algarves, des royaumes de Castille et d'Aragon enlevés aux Maures d'Espagne, et des contrées riveraines de la Méditerranée. Les arrivages se faisaient à l'Eure soit directement, soit comme avant-port d'Harfleur. Elle eut ses coutumes, franchises, droits de perception, de barrage, d'ancrage ; ses dépendances embrassaient la plaine, depuis la Lézarde jusqu'au Chef de Caux.

Les sources de Graville et du coteau lui fournissaient des eaux pures, le canal Vauban les a interceptées depuis, et une rigole négligée en est le dernier vestige.

Des ordonnances royales de 1309 et de 1341 réglèrent les privilèges et le commerce des Portugais à Harfleur et à l'Eure.

On y trouve entre autres ces prescriptions :

« Nous voulons que les marchandises et biens que les

marchands ci-dessus dits auront et déchargeront en Seine, en dedans le crot ou hable de l'Eure qui vient à Harfleur, (ainsi le crot ou Hoc s'étendait en 1300 comme aujourd'hui devant Harfleur) soient baillées pour compte aux bateliers et iceulx les portent en lad. ville et les rendent pour compte aux d. marchands, sans délai et aucun procès; Nous plaît et nous voulons pour ce que le Hable de la ville de Harfleu pourrait empirer, dont il conviendrait que lesdits marchands et gens leurs nefs amarrer en la *dite ville de l'Eure*, et ilecques leurs deniers et marchandises décharger; pourquoi nous voulons qu'ils soient francs et quittes de toutes coutumes et amendes appartenant au *Prévost* de la *d'te ville de l'Eure*; ainsi et en la manière que sont de celles qui appartiennent au Prévost de Harfleu. (C'était un'privilège des Portugais). »

Voilà encore les deux villes mises sur le même pied au regard du commerce.

Une ordonnance de 1372 du roi Charles V constate que les habitants des villages voisins étaient tenus de travailler à l'enlèvement des vases et sables du Hable entre la ville de l'Eure et la ville de Harefleu, « pour plus aisément et mieux venir et arriver les galées du Roi et les marchandises qui viennent par la mer et arrivent aux ports desdites villes, au profit et bien public du royaume.»

Les ports de l'Eure, négligés pendant la guerre, étaient devenus peu praticables, et une anse s'étant formée momentanément sur un autre point du rivage, des navires de Rouen s'y arrêtèrent : c'était en 1394. Le prévôt de l'Eure réclama sa coutume, la Vicomté de Montivilliers lui donna raison; mais les Rouennais en appelèrent à l'échiquier de Rouen qui ordonna le sequestre des droits entre les mains de Jean Nettelet, bourgeois d'Harfleur, jusqu'à la décision. Elle fut favorable aux Rouennais, mais les deniers et l'anse accidentelle avaient disparu pendant le procès.

La ville de l'Eure possédait des établissements mili-
taires. Les premières fortifications de l'Eure comme d'Harfleur furent établies sinon par les Romains, au moins par
les Saxons, continuées et augmentées par les Normands;
les premiers ducs y armèrent des flottes; la position avan-
cée de l'Eure les y rendait plus nécessaires. Un mémoire
conservé à la bibliothèque de Montivilliers constate que
des ouvrages défensifs protégeaient l'embouchure de la
Lézarde, le port intérieur du Hoc et le port extérieur sur
la Seine de la ville de l'Eure, où les murailles avaient
600 pieds de long, et étaient terminées par deux tours de
guerre défendues par trois redoutes placées entre les
tours. L'eau venait battre ces murailles. Là était un havre,
une rade sûre pour les navires arrivant de la mer, et s'ils
entraient dans la rivière, ils pouvaient attendre hors de
la portée de l'ennemi le moment de remonter jusqu'à
Harfleur avec la marée, ou s'alléger et débarquer même
dans le port intérieur.

En 1330 le roi Philippe le Bel fit augmenter les fortifications qui protégeaient ces ports.

Une autre ordonnance fut rendue en décembre 1360,
par le Dauphin, duc de Normandie (depuis Charles V), pour
l'amélioration des fortifications de la ville de l'Eure, ex-
posée, est-il dit, aux descentes des Anglais qui occupaient
alors la ville de Honfleur sur l'autre rive de la Seine.
Cette ordonnance rappelle l'irruption de l'amiral d'Angleterre qui, à grande puissance de navires, était arrivé en
Seine, et descendu à terre en dites parties de l'Eure,
menaçant les villes et interceptant le commerce.

Ces documents sont incontestables. Ils ajoutent des
dates très précieuses à la preuve de la continuité d'existence de cette seconde clef du royaume, depuis les temps
anciens jusqu'aux temps de la grande guerre.

Quelques vestiges de la vieille ville de l'Eure sont décrits par le bénédictin Dom Duplessís, comme présentant encore au XVIIᵉ siècle un très beau quai en pierre

de taille muni de gros anneaux de fer pour amarrer les navires, circonstance qui a été attribuée aux fossés sous l'Abbaye, mais ces quais, ajoute Dom Duplessis, sont de son temps déjà bien avant sous le sable.

M. Morlent (*Normandie pittoresque*) cite les ruines d'un château non loin de là au lieu dit le Homet, et qui n'est plus qu'une ferme.

Les fortifications de la ville de l'Eure se voyaient encore, il y a quelques années, sur le rivage des Neiges; leurs ruines au moins figuraient en dernier lieu, et assez avant dans les terres, une enceinte de port avec murailles et assises de tours en blocage, mais la Compagnie des Forges de la Méditerranée et de l'Océan, a fait disparaître ces derniers débris sous de vastes établissements, des cales de constructions, des chantiers, des ateliers et des cités ouvrières, appropriés aux besoins grandioses nouveaux de l'industrie, du commerce et de la navigation.

Il est encore un autre ordre de faits qui ajoute à la preuve de l'antiquité du territoire et de l'ancienne importance de la ville de l'Eure et de ses établissements; ce sont les armements maritimes.

Voici la suite de cette série de faits:

En l'an 912 les hardis marins Scandinaves se fixèrent définitivement en notre pays. Rollon, ni ses fils et successeurs ne négligèrent les entreprises maritimes; les rapports de toute nature d'intérêt et d'amitié avec leurs compatriotes continuèrent activement, et des expéditions maritimes en commun furent entreprises dans la Méditerranée.

Les relations avec l'Angleterre et l'Irlande étaient continuelles.

Pour ce qui concerne le rivage de l'Eure, on voit en 1040 une flotte armée dans les ports de l'Eure, en partir sous la conduite d'Edouard d'Angleterre, qui fut le Confesseur; elle comprenait 40 navires que lui fournissait le duc de Normandie pour l'aider à reconquérir son trône contre Hardi-Canut. Elle fut suivie peu après d'une autre flotte montée par le frère d'Edouard et par des seigneurs Normands.

Un événement plus considérable encore signala l'année 1066. Guillaume entreprend la conquête de l'Angleterre : de nombreux navires équipés et montés aussi par des seigneurs de notre pays et des soldats audacieux, sortent des ports de l'Eure et d'Harfleur, pour aller se réunir à Dives à d'autres parties du grand armement.

De l'an 1056 à l'an 1269 les ports de l'Eure et son littoral prirent part aux nombreux armements que nécessitèrent les croisades, et aux aventureuses entreprises dans le Midi, en Sicile et en Asie mineure, où les Normands se taillèrent des royaumes aux dépens des Sarrasins et des Grecs. Des personnages déjà cités de l'Eure et de Graville faisaient partie de ces expéditions, les noms de plusieurs d'entre eux se sont retrouvés sur les pierres tombales exhumées à l'Eure.

Sous Philippe le Bel, en 1203, il se fit de grands armements en Normandie, et spécialement dans les ports de l'Eure pour combattre les Anglais et les Flamands, alors leurs alliés.

Cinquante et une des nefs qui les composaient, appartenaient aux ports de l'Eure, à celui du Chef de Caux et à Harfleur, suivant des documents incontestables et la liste générale qui en a été conservée.

Quarante-cinq ans plus tard, sous le règne de Philippe de Valois, la Normandie, et nominativement les ports de l'Eure, s'illustrèrent par un acte de patriotisme dont il faut conserver la mémoire.

Pour mettre un terme aux attaques de l'ennemi, les Etats de Normandie avaient offert d'armer contre l'Angleterre 4,000 hommes montés et 40,000 hommes de pied ; le roi n'en accepta que 20,000. Ils vinrent camper à l'Eure au mois de septembre 1339, et s'embarquèrent sur 158 vaisseaux, dont 42 avaient été fournis par le port de l'Eure, 9 seulement par Harfleur et 28 par Dieppe, tous deux ensemble moins que la seule ville de l'Eure, malgré l'importance incontestable de Dieppe et d'Harfleur. Les succès de la première campagne furent brillànts *(Chroniques de Froissart, de Guillaume de Nangis)*, mais ils furent interrompus à l'affaire de l'Ecluse.

Les noms des capitaines et maîtres des 42 nefs de la ville de l'Eure ont été tous conservés ; c'est un titre glorieux pour leur mémoire. Les sépultures de plusieurs de ces chefs ont encore été découvertes sous l'église de l'Eure, et l'une d'elles, magnifique pierre tombale de Guillaume de Grosménil, est au musée du Havre.

Cet armement au port de l'Eure est célèbre encore par une autre circonstance importante : c'est l'emploi sur cette flotte de la poudre à canon, prouvé à cette date certaine, pour la première fois, par une quittance du munitionnaire en date du 2 juillet 1338 *(Archives départementales)*.

C'est dans cet état brillant de prospérité que se trouvaient la ville et les ports de l'Eure après plusieurs siècles de vicissitudes diverses, quand les Anglais commencèrent la guerre de cent ans, pendant laquelle ils s'acharnèrent contre la France, et lui apportèrent toutes les dévastations et les ruines, dont la Normandie surtout et les rives de l'Eure furent les plus déplorables victimes.

Que l'on conçoive un instant le magnifique ensemble de chantiers, de magasins, d'approvisionnements, de population, d'industrie, de ressources de toute nature, qui avaient dû être réunis pendant plusieurs siècles dans cette ville et ces ports de l'Eure, pour accomplir les nombreux et puissants armements que nous avons exposés, confirmés ensuite par des documents irrécusables, et pour satisfaire aux besoins généraux du commerce.

Puis, que l'on visite aujourd'hui sur le rivage désolé de l'Eure quelques ruines cachées sous les broussailles, on doutera que ce soit le même site.

Et pourtant les faits le prouvent.

La ville et les ports de l'Eure furent pris et repris plusieurs fois, comme Harfleur, mais l'Eure fut plus complètement ruinée, et nous avons peu de documents sur ces temps de désolation.

Quatre siècles et plus d'ailleurs sont passés, et les ruines même ont disparu.

Dans ce long abandon, le rivage non protégé a été rongé et dénaturé par les grandes marées; la vase a comblé le port intérieur sur la Lézarde; le flot et le galet ont détruit le port extérieur sur la Seine; le cultivateur a pendant quatre cents ans nivelé le sol, enlevé et utilisé les débris que la mer n'avait pas emportés ou ensevelis, et la végétation a recouvert le théâtre de tant d'activité et d'énergie humaine.

Les habitants, descendants directs des peuples qui avaient successivement occupé ce territoire, avaient péri dans la guerre ou dans la captivité, un petit hameau s'était formé avec peine à la vieille Eure, et si les guerres civiles et religieuses des xvi° et xvii° siècles et une nouvelle invasion anglaise, ou plutôt calviniste alors, réveillèrent le nom de l'Eure, il s'agit alors de la nouvelle Eure plus voisine du Havre, et non de notre antique cité disparue.

Son souvenir avait été effacé, combattu même par l'intérêt privé.

A l'issue de la guerre de cent ans, sous Charles VII, puis sous Louis XI, Charles VIII et Louis XII, les ports de l'Eure étaient délaissés, Harfleur avait seul un reste de vie, mais il devenait nécessaire de fonder pour la défense du littoral et pour les besoins du commerce, un établissement en rapport avec l'importance croissante de la marine.

François Ier entreprit cette création, et les travaux du nouveau port, Le Havre-de-Grâce, tours, fortifications et jetées furent, par les soins de l'amiral du Chillou, mis aux enchères devant les notaires d'Harfleur, le 4 mars 1517, et adjugés à deux entrepreneurs d'Harfleur, qui les exécutèrent en peu d'années.

De l'enquête qui suivit cette grande entreprise, pour apprécier les prétentions du seigneur de Graville, Loys de Vendôme, vidame de Chartres, qui réclamait tout le littoral de Graville aux Perreys, il résulte :

Qu'avant la création du nouveau Havre, il n'y avait sur l'emplacement où il fut creusé et édifié aucun port, sauf des criques où les pêcheurs venaient faire sécher leurs filets;

Que les habitants d'Ingouville avaient cru pouvoir céder à l'amiral du Chillou pour cette création, les prairies qui s'étendaient devant eux jusqu'à la mer, et qu'ils croyaient communales, mais que le seigneur de Graville se fit adjuger par le Parlement de Rouen ;

Qu'à l'est de ces communaux, il y avait un domaine réservé au Roi, le territoire de l'ancienne ville de l'Eure.

Les déposants à l'enquête expliquent que cette ville dévastée pendant les guerres, avait été complétement détruite et DÉMOLIE par les Navarroys.

Ces Navarroys n'étaient autres alors qu'une soldatesque, un ramas de soudoyers faisant partie des bandes anglaises qui avaient ravagé le pays, en désespoir de s'y maintenir.

A la faveur des troubles des temps, la totalité de cette plaine tomba en la possession des seigneurs de Graville et d'Orcher, et l'ancienne ville de l'Eure fut oubliée complétement.

On en voit un exemple frappant dans le procès que Madame de Melmont, châtelaine d'Orcher, eut vers 1662, avec les habitants de l'Eure. Ses avocats publièrent et soutiarent que le domaine d'Orcher s'étendait jusqu'aux terres du seigneur de Graville. De ville ancienne, il n'en est pas question : tout lui appartient comme alluvion accrue à Orcher, même par de là la Lézarde ; les droits du domaine royal, ceux des habitants de la ville d'Harfleur (qui n'intervinrent pas!) sont complétement négligés ; l'ancienne ville, aux ports florissants, n'est nommée que hameau de la petite Eure joignant quelques murailles sur la rive de la Seine.

Depuis ce procès, deux cents ans encore se sont écoulés et n'ont fait qu'ajouter à la transformation du sol. Le Havre a absorbé toute la vie maritime du littoral ; mais la Loi est inévitable: le Havre lui rendra plus qu'il ne lui aura pris. Le temps n'est pas loin où des routes, des canaux, des bassins, des chemins de fer, sillonneront ce sol antique de l'Eure, de nouveau peuplé et recouvert d'établissements industriels et maritimes.

La ville morte de l'Eure renaîtra de ses ruines.